高等职业技术院校汽车类专业

# 汽车电气构造与维修（第二版）习题册

中国劳动社会保障出版社

## 简介

本习题册是高等职业技术院校汽车类专业教材《汽车电气构造与维修（第二版）》的配套用书。本习题册内容紧扣教材的教学要求，题型全面，题量充足，并涵盖国家职业技能鉴定题库的相关内容，有助于学生复习巩固所学知识。

本习题册由马洁主编，华铁、谭婷、孟红、吴勤燕参编。

**图书在版编目(CIP)数据**

汽车电气构造与维修（第二版）习题册/马洁主编．—北京：中国劳动社会保障出版社，2015

ISBN 978－7－5167－1704－2

Ⅰ．①汽…　Ⅱ．①马…　Ⅲ．①汽车-电气设备-构造-高等职业教育-习题集 ②汽车-电气设备-车辆修理-高等职业教育-习题集　Ⅳ．①U472.41－44

中国版本图书馆 CIP 数据核字(2015)第 032351 号

**中国劳动社会保障出版社出版发行**

（北京市惠新东街 1 号　邮政编码：100029）

*

北京昌联印刷有限公司印刷装订　　新华书店经销

787 毫米×1092 毫米　16 开本　4.5 印张　108 千字

2015 年 2 月第 1 版　　2025 年 6 月第 11 次印刷

**定价：9.00 元**

营销中心电话：400-606-6496

出版社网址：http://www.class.com.cn

http://jg.class.com.cn

# 目　录

# 绪　论

## 一、填空题

1. 汽车电气设备是汽车重要的组成部分之一，其性能将影响到汽车的____________、__________、____________、____________、____________及舒适性。

2. 现代汽车的电气设备可以大致分为______________、____________和____________三部分。

3. 汽车用电设备包括________、________、__________、________、仪表及报警装置、辅助电器和__________。

4. 全车电路及配电装置包括__________、__________、__________、电线束及插接件、电路开关等，使全车电路构成一个统一的整体。

5. 采用单线制时，电源的一极和用电设备的一端要与金属机体相连，这样的连接称为________________。

## 二、简答题

1. 观察车辆，举例说明实车上的用电设备及其各自的作用。

2. 简述汽车电气设备的特点。

# 模块一 电 源 系

## 课题一 蓄 电 池

### 一、填空题

1．蓄电池是一种＿＿＿＿＿＿电源，它是汽车的两大电源之一，在汽车上与发电机＿＿＿＿＿＿，共同向用电设备供电。

2．蓄电池可分为普通蓄电池、＿＿＿＿＿＿、混合蓄电池、＿＿＿＿＿＿和＿＿＿＿＿＿等。

3．普通铅蓄电池主要由＿＿＿＿＿＿、隔板、＿＿＿＿＿＿、外壳、＿＿＿＿＿＿和＿＿＿＿＿＿等组成。

4．现在汽车上使用的大多为＿＿＿＿＿＿蓄电池，它和普通蓄电池在结构上有两大不同之处：＿＿＿＿＿＿和＿＿＿＿＿＿的利用。

5．蓄电池液面高度的检查方法有：＿＿＿＿＿＿、＿＿＿＿＿＿和＿＿＿＿＿＿三种。

6．蓄电池常见的内部故障主要有＿＿＿＿＿＿、电解液消耗过快和＿＿＿＿＿＿。

7．正极板的活性物质是＿＿＿＿＿＿色的，负极板的活性物质是＿＿＿＿＿＿色的。

8．国产负极板的厚度为＿＿＿＿＿＿mm，正极板的厚度为＿＿＿＿＿＿mm。国外大多采用厚度为＿＿＿＿＿＿mm 的薄型极板，薄型极板对提高蓄电池的＿＿＿＿＿＿和改善＿＿＿＿＿＿都十分有利。

9．汽车用铅蓄电池一般由三个或六个单格电池串联而成，每个单格的额定电压为＿＿＿＿＿＿。

10．蓄电池的单格电池之间串联的方法一般有＿＿＿＿＿＿、＿＿＿＿＿＿和＿＿＿＿＿＿三种连接方式。

11．蓄电池的工作原理就是＿＿＿＿＿＿与＿＿＿＿＿＿的相互转化。

12．通过检查发现蓄电池电解液密度低于＿＿＿＿＿＿或单格电池电压低于＿＿＿＿＿＿时，应对蓄电池进行充电。

### 二、选择题

1．蓄电池正极板的活性物质是（　　）。

A．铅　　B．二氧化铅　　C．硫酸铅

2．下列不属于复合蓄电池优点的是（　　）。

A．不含酸液，外壳破裂不会有酸液泄漏

B. 基本不用维护

C. 能以任何状态放置

D. 不能承受深度放电

3. 下列不属于蓄电池存电不足的表征是（　　）。

A. 电解液相对密度下降到 1.200 以下

B. 冬季放电超过 25% $Q_e$，夏季放电超过 50% $Q_e$

C. 灯光暗淡、起动无力、扬声器发声沙哑

D. 冬季放电超过 25% $Q_e$，夏季放电超过 40% $Q_e$

4. 电解液的密度高于规定值时，应用（　　）进行调整。

A. 蒸馏水　　B. 纯硫酸　　C. 相对密度为 1.4 的稀硫酸

## 三、判断题

1. 免维护蓄电池除需要保持表面清洁外，不需要做其他维护工作。（　　）

2. 免维护蓄电池有极大的抗过充电能力，存放寿命长，可带电解液大量装运，减少了事故和人员伤害的可能性，可以深度放电。（　　）

3. 微电子控制式汽车蓄电池在具有相同输出功率的情况下，电子控制式汽车蓄电池的自重比传统电池约轻 40%，低温时的工作可靠性更高，充电速度更快。（　　）

4. 电解液的作用是形成电离，促使极板活性物质溶离，产生可逆的电化学反应。（　　）

5. 大电流放电时间不宜过长，使用起动机每次时间应不大于 5 s，相邻两次起动应间隔 15 s 以上。（　　）

6. 因为蓄电池工作时，负极板负担比正极板重，故单格电池中负极板比正极板多一片。（　　）

7. 蓄电池的工作原理就是化学能与电能的相互转化。（　　）

8. 当充电进行到极板上的物质和电解液完全恢复到放电前的状态时，蓄电池即充电完毕。（　　）

9. 尽量避免蓄电池过放电和长期处于欠电状态下工作，放完电的蓄电池应在 24 h 内进行充电。（　　）

10. 定期（每两个月或一个月）检查蓄电池的放电程度，超过规定时立即充电。（　　）

## 四、简答题

1. 蓄电池的功用是什么？

2．简述免维护蓄电池相对于普通蓄电池的优缺点。

3．蓄电池充足电的标志是什么？

4．检验蓄电池放电程度的方法有哪些？

5．蓄电池在使用过程中的常见故障主要有哪些？

## 课题二　发电机及电压调节器

### 一、填空题

1．硅整流发电机一般由转子总成、________、带轮、________、前后端盖、________和调节器等组成。

2．定子总成的作用是________，由________和________组成。

3．三相绕组的连接方法有________和________两种。

4．硅整流发电机整流器的作用是将三相交流电转换成________输出。整流器一般由______只二极管接成________整流电路。

5．在三相桥式整流电路中，由于交流电在每个周期内每只二极管只有1/3的时间导通，所以，流过每只二极管的平均电流仅为负载电流的____________。

6．电压调节器按其结构特点和工作原理大致可分为____________和____________两种。

7．转子铁芯不得有____________的现象。转子进行直线度检查时，轴外圆与滑环的径向圆跳动应________________，否则应进行____________。

8．交流发电机不发电的原因有很多，如励磁线圈_______________、_______________、____________；电刷____________、磨损____________；电刷________________不足等。电压调节器故障主要有________________、________________。

## 二、判断题

1．任何发电机定子的作用都是产生交流电。（　　）

2．集成电路调节器装在发电机上，可直接检测发电机的输出电压。（　　）

3．晶体管电压调节器是利用晶体二极管的开关特性制成的。（　　）

4．集成电路调节器的端子符号中，“B +”表示充电指示灯连接端子，“IG”表示发电机输出端子。（　　）

5．集成电路调节器是利用集成电路（IC）组成的调节器，除具有晶体管调节器的优点外，还有体积小、质量轻、性能可靠、耐高温、耐振动、使用寿命长等优点。（　　）

6．车用交流发电机具有体积小、质量轻、结构简单、维修方便、使用寿命长，发动机低速时充电性能好等优点。（　　）

7．转子总成的作用是产生磁场。（　　）

8．硅整流发电机的整流二极管可分为正二极管和负二极管。（　　）

9．六只二极管可任意数量导通，在 $R$ 上得到一个较平稳的脉动直流电压。
（　　）

10．发电机输出电压会随着其转速的升高而升高。（　　）

## 三、简答题

1．简述交流发电机的发电原理。

2．检修交流发电机时，通常包含哪些内容？应如何检修？

3．如何用万用表检修整流器？

4．简述硅整流发电机的使用注意事项。

## 课题三　电源系电路

**一、填空题**

1．汽车电源系常见的故障现象有＿＿＿＿＿＿＿＿＿＿＿＿、＿＿＿＿＿＿＿＿＿＿＿＿、＿＿＿＿＿＿＿＿＿＿＿和＿＿＿＿＿＿＿＿＿＿＿。

2．汽车电源系充电电流过大一般是由于＿＿＿＿＿＿＿＿＿有故障引起的。

**二、简答题**

1．结合教材上的桑塔纳系列轿车电源系电路图，写出桑塔纳系列轿车当发电机不给蓄电池充电，蓄电池向用电设备供电，同时也为发电机提供励磁电流时的电流路径。另外，写出发电机给蓄电池充电的电流路径。

2. 下图所示为充电指示灯不亮的故障诊断流程图，补充完整。

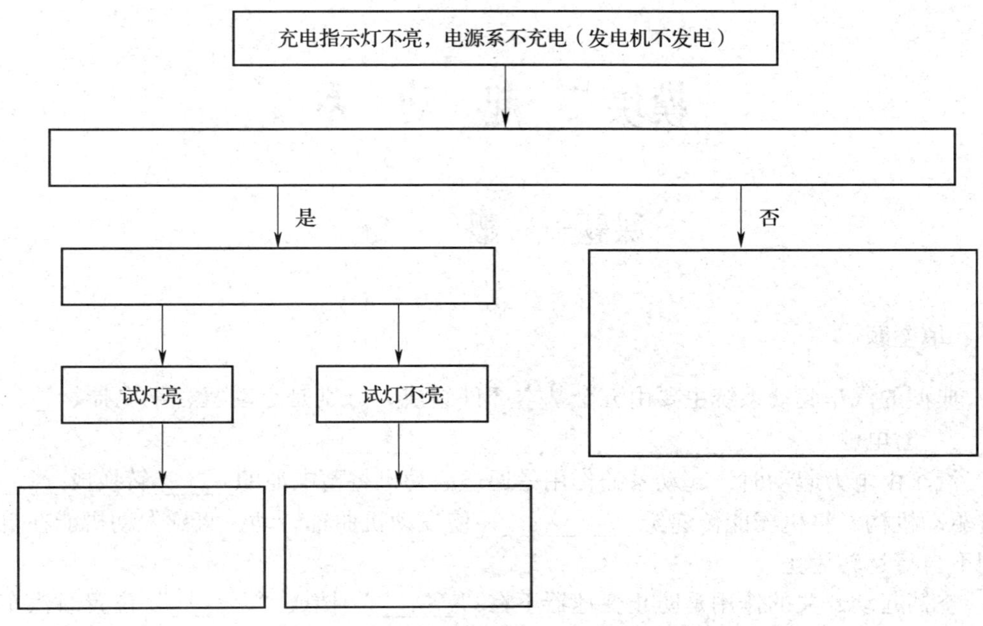


充电指示灯不亮故障诊断流程图

3. 简述桑塔纳轿车充电电流不稳故障的检修方法。

# 模块二　起　动　系

## 课题一　概　　述

### 一、填空题

1. 典型的汽车起动系统主要由五个基本部件组成，分别是起动复合继电器、________________、蓄电池、________________和________________。

2. 汽车由电力起动时，起动系的作用是通过起动机将蓄电池的______转换成________，并通过驱动机构，将机械能传递给__________，使发动机曲轴转动，直到发动机能在自身动力作用下自行运转为止。

3. 空挡起动开关的作用是防止变速器不在“______”挡或“______”位置时汽车被起动。

### 二、选择题

1. 发动机常用的起动方式有（　　）等形式。

A. 人力起动　　B. 辅助汽油机起动　　C. 电力起动　　D. 助力起动

2. 发动机常用的起动方式中，（　　）形式因操作简便，起动迅速，具有重复起动能力，且可以远距离控制，被现代汽车广泛采用。

A. 人力起动　　B. 辅助汽油机起动　　C. 电力起动

3. 起动系统中，（　　）用小电流电路控制大电流电路，保护起动开关和起动机。

A. 起动复合继电器

B. 点火开关

C. 蓄电池

### 三、简答题

1. 简述发动机起动系统五大基本部件的作用。

2. 简述对汽车起动系的要求。

## 课题二　起　动　机

### 一、填空题

1. 按照总体结构的不同，起动机可分为__________________、__________________和______________；按照控制方式的不同，起动机可分为______________和______________。

2. 起动机主要由直流电动机、________________和________________组成。

3. 起动机用直流电动机的最大特点是___________________、____________________，其目的是增大起动机的____________________。

4. 起动机传动机构的结构主要由______________和______________组成。其中，驱动齿轮与飞轮的啮合一般是靠________强制拨动完成的。

5. 单向离合器主要有摩擦片式、滚柱式和弹簧式三种。____________可以传递较大转矩，主要用于柴油发动机汽车；__________和________________主要用于汽油发动机汽车。

### 二、选择题

1. 桑塔纳轿车 QD1225、QD1229 型起动机 4 个磁场绕组与电枢绕组的连接方式是（　　）。

A. 4 个磁场绕组相互串联后再与电枢绕组串联

B. 2 个励磁绕组先两两串联后再并联，再与电枢绕组串联

C. 4 个磁场绕组相互串联后再与电枢绕组并联

D. 2 个励磁绕组先两两串联后再并联，再与电枢绕组并联

2. 飞轮齿圈与起动机驱动齿轮的传动比一般为（　　）。

A. 1∶10～1∶18　　B. 1∶9～1∶15　　C. 1∶10～1∶15　　D. 不定

3. 目前国内外汽车起动机中使用最多的是（　　）单向离合器。

A. 摩擦片　　B. 滚柱式　　C. 弹簧式

### 三、判断题

1. 为了能获得较大的电磁转矩，流经电枢绕组的电流需很大（小功率的起动机也需要在 300 A 以上），因此电枢绕组采用横截面积较大的矩形或圆形的裸体铜线绕制。（　　）

2. 直流电动机是将机械能转化为电能的设备，它是根据载流导体在磁场中会受到电磁

力的作用而发生运动的原理工作的。 ( )

3．一个线圈产生的转矩太小，且转速不稳定，故实际使用的电动机绕有很多线圈，换向片数不变。 ( )

4．换向器的作用是连接励磁绕组、电枢绕组和电源，并保证电枢绕组产生的电磁力矩方向不变。 ( )

5．检修换向器表面时，如表面有脏污，可用棉纱蘸少量汽油擦拭干净；若表面不平或有轻微烧蚀，可用“01”号砂纸打磨；若表面严重烧蚀或有沟槽，可选择尽可能小的加工余量车削。 ( )

6．起动机传动机构是单方向传递力矩，即起动发动机时将起动机的转矩传给发动机的曲轴（传递动力），而当发动机起动后，它又能自动打滑（切断动力），不使飞轮齿圈带动起动机的电枢旋转，以免损坏起动机。 ( )

**四、简答题**

1．简述发动机电枢的检修方法。

2．简要说明 QD1229 型起动机的拆装步骤。

3．简述滚珠式单向离合器的工作原理。

# 课题三　起动系电路

## 一、填空题

1. 起动系的控制电路一般可分为__________________、__________________和带组合继电器控制式三种，第一种和第三种控制方式应用比较广泛。

2. 汽车起动系的故障主要有__________和__________两个方面。

3. 起动机转动无力的故障现象表现为：起动机转动____________，带动____________运转困难；或接通__________________后，起动机会发出____________声响，但不能运转。

4. 所谓起动机的驱动保护电路是指发动机起动后，若未及时放松点火开关，起动机会______________；若发动机正常运转，即使点火开关旋至起动挡，起动机______________。

5. 接通起动开关起动机不转时，首先应检查蓄电池存电情况和导线，特别是蓄电池____________和____________的连接情况，然后再检查起动机和开关。

## 二、简答题

1. 结合教材上桑塔纳系列轿车起动控制线路图，写出 QD1225 型起动机的吸引线圈和保持线圈的电流回路。

2. 简述起动机不能停转的故障原因。

3．简述起动机转动无力的故障原因。

4．下图所示为起动机不转的故障诊断流程图，补充完整。

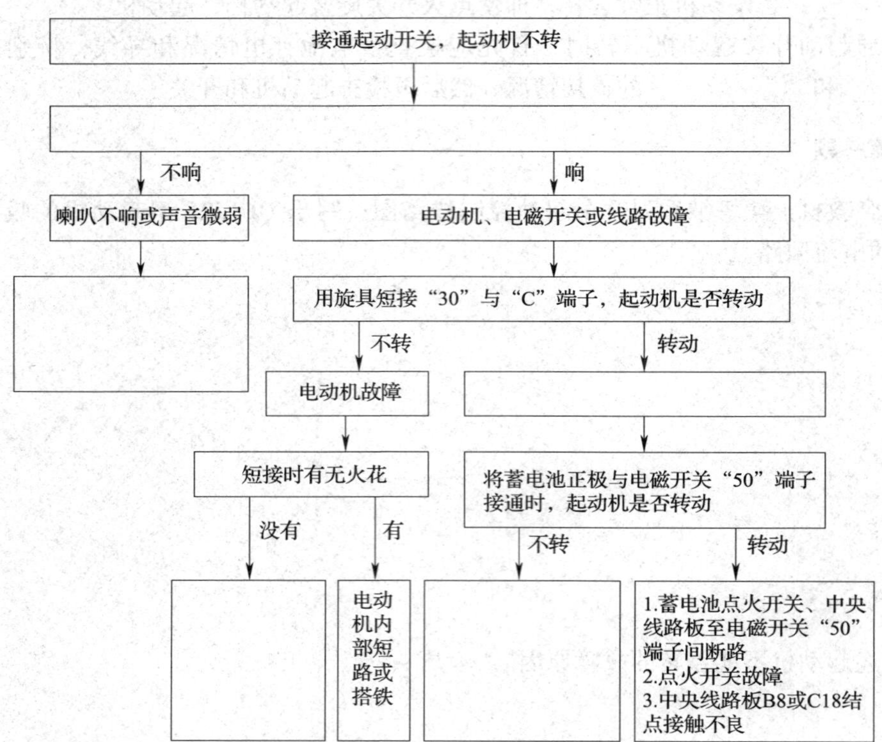


起动机不转故障诊断流程图

# 模块三　传统点火系

## 课题一　传统点火系部件

### 一、填空题

1. 传统点火系统是由______或______供给低压电能，借______和分电器将它转变为高压电，再由分电器经高压线送到发动机气缸燃烧室中的______上，在其两电极间产生电火花。

2. 传统点火系主要由______、______、______、______、______、附加电阻及附加电阻短接开关、高低压导线等部件组成。

3. 点火线圈的作用是将电源提供的低压电转变为15～20 kV的高压电，其基本结构是由硅钢片叠成的铁芯上绕有一个______和一个______。

4. 分电器总成由______、______、电容器、真空点火提前机构等组成。

5. 火花塞的作用是将高压电引入______并产生______点燃工作混合气。

6. 断电器由固定在断电器底板上的______和______组成。

7. 三接线柱式与二接线柱式点火线圈的区别在于______带附加电阻，而______不带附加电阻。

8. 闭磁路式点火线圈有“______”字形和“______”字形之分。

9. 在传统点火系中，为减小断电器触点的火花，延长触点的使用寿命和提高______，在分电器触点上并联装有______。

10. 点火系的点火顺序应按发动机的______进行点火。

11. 点火线圈按磁路结构不同可分为______式和______式两种。

12. 真空点火提前机构的功能是______。

13. 离心提前机构的功能是______。

14. 点火线圈的附加电阻一般采用______制成，具有受热时电阻值______，而冷却时电阻值______的特性。发动机起动时将附加电阻______，可______点火线圈初级电路的电流，增强起动时火花塞的______。

15. 火花塞的工作环境十分恶劣，因此要求其具有良好的______特性，很高的______强度、耐高压能力、耐______和密封性等。

### 二、选择题

1. 火花塞电极间隙一般为（　　）mm，有的增大到1.0～1.2 mm。

A. 0.3~0.4　　B. 0.5~0.6　　C. 0.7~0.9

2. 大功率、高转速、高压缩比的发动机应选用（　　）型火花塞。

A. 热　　B. 中　　C. 冷

3. 点火线圈由铁心、（　　）、次级绕组、胶木盖、瓷座、接线柱和外壳等组成。

A. 初级绕组　　B. 中央电极　　C. 侧电极

4. 点火过早会使发动机（　　）。

A. 功率下降　　B. 功率提高　　C. 省油

5. 火花塞绝缘体裙部长的火花塞，通常是（　　）火花塞。

A. 冷型　　B. 热型　　C. 中型

6. 在检查是否有高压电时，高压线对机体的跳火间隙一般为（　　）mm。

A. 0.6~0.8　　B. 6~8　　C. 16~18

7. 当负荷一定时，点火提前角应随转速提高适当（　　）；当使用高辛烷值汽油时，因其抗爆性好，点火提前角应适当（　　）。

A. 增大、增大　　B. 减小、减小　　C. 增大、减小

8. 下列属于点火系统高压电路的部件是（　　）。

A. 配电器　　B. 断电器　　C. 附加电阻　　D. 蓄电池

9. 确定发动机点火顺序的部件是（　　）。

A. 配电器　　B. 断电器　　C. 火花塞　　D. 蓄电池

10. 火花塞裙部温度为（　　）时，火花塞工作条件最好，不易产生积炭，这一温度称为自洁温度。

A. 200~300℃　　B. 500~700℃　　C. 1 000~1 200℃

## 三、判断题

1. 在压缩行程中，从点火开始到活塞运行到上止点时曲轴所转过的角度称为点火提前角。（　　）

2. 触点的中心应重合，偏差不得超过0.05 mm，如不符合规定应校正。（　　）

3. 火花塞的裙部越长，其工作时的温度就越低。（　　）

4. 分电器触点间隙用塞尺进行检查，其值应在0.25~0.35 mm范围内，若不符合规定，可放松固定螺钉，拧转偏心螺钉进行调整。（　　）

5. 分电器轴与衬套的正常配合间隙为0.02~0.04 mm，最大不得超过0.07 mm。（　　）

6. 电容器的常见故障有绝缘被击穿、内部引出线短路等。（　　）

7. 分电器触点闭合时，用弹簧秤的挂勾钓在活动触点臂的一端，沿着触点的轴向拉动弹簧秤，当触点刚刚分开时，弹簧秤的读数应为4.9~6.9 N。（　　）

8. 点火线圈的附加电阻一般为负热敏电阻。（　　）

9. 点火线圈的附加电阻就是一般的电阻丝。（　　）

10. 离心点火提前机构是指在发动机负荷变化时，自动调节点火提前角。（　　）

11. 闭磁路点火线圈比开磁路点火线圈的能量转换率高。（　　）

12. 电容器串联在断电器触点间，其功用是减少断电器触点火花，提高次级电压。
（　　）

13. 冷型火花塞的热值小。（　　）

14. 火花塞在使用中经常发生积炭现象，说明火花塞型号过冷了。（　　）

15. 断电器凸轮上的棱角数与发动机的气缸数相同。（　　）

**四、简答题**

1. 简述传统点火系的工作原理。

2. 如何区分热型火花塞和冷型火花塞？汽油发动机工作时，对火花塞有什么要求？

3. 如何调整断电器的触点间隙？

4. 简述发动机对点火系统的基本要求。

# 课题二　传统点火系的检测与调整

## 一、填空题

1. 往发动机上安装分电器或更换燃油品种时，要靠人工调整和确定初始的点火提前角，这一工作被称为______________。

2. 点火过早会造成：____________、____________、____________、功率下降。

3. 点火过迟会造成：____________、____________、排气管____________冒黑烟。

4. 正时灯是一种频率闪光灯，每闪光一次表示一缸的火花塞发火________次，因此，闪光与________缸点火同步。

5. 使用汽车专用的__________可以查看点火系统的__________，并根据其判断点火系统的故障。

6. 单缸次级电压点火波形一个周期内可分为“两个________、四个__________”。

7. 振荡区波形中电弧中断，点火线圈剩余能量从初级绕组与灭弧电容组成的________________回路中释放掉。

8. 平列波主要用以分析________电压的故障，各缸击穿电压是否均衡，火花电压是否有差异，在平列波形图上一目了然。

9. 将各缸的点火波形始点对齐由下而上按____________排列就形成并列波。

10. 点火正时灯一般由______________、______________、中间处理环节和指示装置等组成。

11. 连接点火正时灯时，正极接线夹连接到______________，负极接线夹连接到______________，再将传感器插接在一缸火花塞与高压线之间。

12. 润滑分电器各活动部位的方法是：旋进油杯__________圈，以润滑分电器轴；拔下分火头，往毡心上滴几滴机油；在润滑凸轮面上的毡块上加钙基润滑脂。

13. 确认第一缸是否位于压缩上止点位置的方法是：对准____________或____________上的正时记号，再看分火头的指向即可确认。

14. 起动发动机，在发动机达到正常工作温度（冷却液温度 70～80°C）且发动机处于怠速旋转时，突然加速。如转速不能迅速提高，感到发闷，或在排气管中有“突突”声，则为________________；如出现金属敲击声，则为________________。点火过早时，应顺着分火头旋转方向转动分电器壳体，可______________；过迟时，则逆向转动分电器壳体，可______________。

15. 点火正时失准，将导致发动机工作不正常，出现众多故障，使发动机动力________，油耗__________，甚至造成零部件损坏等后果。

## 二、选择题

1. 点火过早会造成的故障现象是（　　）。

　A. 发动机爆震　　B. 发动机过热　　C. 排气管放炮冒黑烟

2. 检查分电器断电器触点间隙，应为（　　）。

A. 0.1～0.2 mm　B. 0.35～0.45 mm　C. 0.2～0.3 mm

3. 从发动机的初级电压（　　）形上可以看到各缸直列波的全貌，分析各缸闭合角和开启角以及各缸火花塞的工作状态十分方便。

A. 平列波　B. 并列波　C. 重叠波

4. 将各缸的点火波形起始点对齐，全部重叠在一个水平位置上称为重叠波。如果触点式点火系统的分电器凸轮磨损不均匀或凸轮轴磨损严重将会造成波形重叠不良，一般重叠角不能超过周期的（　　）。

A. 15%　B. 10%　C. 5%

5. 传统点火系的维护作业内容和规定里程因车型不同而异，一般汽车在行驶（　　）后，应对传统点火系进行维护作业。

A. 10 000 km 以上

B. 5 000～8 000 km

C. 3 000～5 000 km

6. 若发动机工作时过热、行驶无力、加速发闷、排气管放炮，应检查点火时间是否（　　）。

A. 过迟　B. 过早

7. 传统点火系统中，当（　　）时，点火线圈产生点火电压。

A. 分电器触点闭合

B. 分电器触点分开

C. 初级电流上升

**三、判断题**

1. 调整正时灯电位器，使闪光时机推迟至转动部分上的标记正好对准固定指针时，那么，提前闪光的时间就是点火提前的时间。（　　）

2. 示波器屏幕显示的波形，在垂直方向上表示电压，在水平方向上表示时间。（　　）

3. 单缸次级电压点火波形一个周期内可分为“两个阶段”，分别指触点开启段和触点闭合段。（　　）

4. 单缸次级电压点火波形一个周期内可分为“四个区”，分别指跳火区、燃烧区、振荡区和闭合区。（　　）

5. 一般来说，汽车在行驶 3 000～10 000 km 后，应对传统点火系进行维护。（　　）

6. 一般重叠波的重叠角不能超过周期的 5%。（　　）

7. 示波器可显示电压随时间变化的波形。（　　）

8. 如分电器触点间隙不符合要求，应松开紧固螺钉，转动调整螺钉进行调整。符合要求后再将紧固螺钉拧紧。（　　）

9. 起动发动机，如出现金属敲击声，则为点火过早。（　　）

10. 将各缸的点火波形始点对齐，由下而上按点火次序排列就形成重叠波。（　　）

11. 检查发动机点火正时，无需起动发动机。（　　）

12. 发动机不同工况下的点火提前角应不相同。 (  )

13. 正常情况下各缸击穿电压约为20～30 kV，各缸差别应不超过2 kV。 (  )

14. 发动机急加速，排气管中有“突突”声，则为点火过迟。 (  )

15. 传统点火系统中，断电器触点间隙变化会影响点火时刻，也会影响点火能量。 (  )

16. 普通点火系统中，只要顺时针转动分电器，点火时刻即被推迟。 (  )

17. 发动机不易起动、行驶无力、加速发闷、排气管放炮，应检查点火时间是否过迟，分电器触点间隙是否偏大。 (  )

18. 火花塞只要跳火就能点燃气缸内的可燃混合气。 (  )

**四、简答题**

1. 点火波形都有哪几种组合？每种组合有什么作用？

2. 简述点火波形的形成原理。

3. 当无点火正时灯时，通常采用什么方法检查点火正时？如何判断点火过迟或者点火过早？

4. 怎样确认第一缸是否处于压缩上止点？

5. 简述示波器与点火系的连接与使用方法。

6. 简要绘制出触电烧蚀故障的初级电路波形，并对波形特征加以说明。

# 模块四　电子点火系

## 课题一　普通电子点火系

### 一、填空题

1. 电子点火系按点火能量的储存方式不同可分为＿＿＿＿＿＿＿式和＿＿＿＿＿＿＿式两类。

2. 电子点火系按触发方式不同可分为＿＿＿＿＿＿、＿＿＿＿＿＿、＿＿＿＿＿＿和＿＿＿＿＿＿四种。

3. 普通电子点火系统一般由电源、分电器（包括信号传感器）、点火控制器或者点火模块、＿＿＿＿＿、＿＿＿＿＿和＿＿＿＿＿等组成。

4. 磁感应式传感器安装在分电器内，主要由分电器轴、爪形转子、传感线圈、＿＿＿＿＿＿、＿＿＿＿＿＿、＿＿＿＿＿＿和底板等组成。

5. 第二代电子点火系保留了分火头配电装置，用电子控制单元（ECU）取代了离心、真空点火提前装置，在电子控制单元中储存了发动机任一工况下的最佳点火提前角数据，故称为＿＿＿＿＿电子点火系，也称为＿＿＿＿＿＿电子点火系。

6. 光电式电子电火系统信号传感器的结构包括＿＿＿＿＿＿＿＿、＿＿＿＿＿＿＿＿、＿＿＿＿＿＿＿＿和＿＿＿＿＿＿＿＿。

7. 检查火花塞插头电阻，其阻值应为＿＿＿＿＿＿k$\Omega$。

8. 桑塔纳轿车点火系采用＿＿＿＿＿＿＿＿＿式信号发生器；北京切诺基轿车点火系采用＿＿＿＿＿＿＿式信号发生器。

9. 磁感应式电子点火系统中的信号转子上制有与发动机气缸数＿＿＿＿的凸齿，当转子转动时，凸齿交替在铁芯旁扫过，使两者的＿＿＿＿＿＿不断变化，则穿过线圈铁芯中的＿＿＿＿也不断变化。

### 二、选择题

1. 在无机械提前装置基础上，取消分火头式配电装置，直接用数个点火线圈或二极管分配高压电控制火花塞跳火，这种电子点火系称为（　　）。

A. 电子配电点火系　　B. 传统点火系

C. 普通电子点火系

2. 计算机控制电子点火系不包含（　　）电器零部件。

A. 分火头　　B. 火花塞　　C. 霍尔传感器　　D. 高压线

3. 桑塔纳轿车校正点火时间时，飞轮上的标记与（　　）上的标记对齐。

A. 齿形带防护罩　　　　　　　　　　B. 变速器壳体

C. 机油泵驱动轴端　　　　　　　　　D. 缸体

4. 桑塔纳轿车在发动机转速为 850 ± 50 r/min，水温正常时，拔下并堵塞分电器真空管，其点火提前角应为（　　）。

A. 8°　　　　B. 10°　　　　C. 6° ±1°

5. 用万用表欧姆档测量桑塔纳点火线圈的电阻，初级绕组的阻值应为（　　）。

A. 52 ~76 kΩ　　B. 5.2 ~7.6 kΩ　　C. 0.52 ~0.76 kΩ

6. 在检查是否有高压电时，高压线对机体的跳火间隙一般为（　　）。

A. 0.5 ~0.7 mm　　B. 5 ~7 mm　　C. 1.5 ~1.7 mm

7. 以桑塔纳轿车为例，检查点火控制模块 2 号端子电压，因 2 号端子搭铁，所以此处对地电压应不超过（　　）。

A. 0.5 V　　B. 6 V　　C. 10 V

8. 以桑塔纳轿车为例，检查点火控制模块 5 号端子电压，因 5 号端子是点火控制模块输至霍尔传感器的电源端子，其电压在（　　）左右。

A. 0.5 V　　B. 6 V　　C. 10 V

9. 当霍尔发生器输出高电位信号时，火花塞跳火，其叶轮与永久磁铁的位置是（　　）。

A. 离开　　B. 进入　　C. 对准

10. 桑塔纳轿车的霍尔感应式点火信号发生器信号电压的波动范围是（　　）。

A. 0.1 ~0.4 V　　B. 0.4 ~9 V　　C. 9 ~12 V

## 三、判断题

1. 普通电子点火系也称为无触点电子点火系，它采用点火信号传感器取代传统点火系中的断电触点。（　　）

2. 霍尔效应式电子点火系，当转子的叶片离开空气间隙时，点火线圈的初级电路随之被切断，次级绕组即产生高压电，火花塞跳火。（　　）

3. 桑塔纳轿车分火头电阻阻值应为 1 ±0.4 kΩ。（　　）

4. 桑塔纳轿车高压导线电阻，中央高压导线的阻值应为 0 ~4.8 kΩ，高压分线的阻值应为 0.6 ~7.4 kΩ。（　　）

5. 桑塔纳轿车点火线圈初级绕组的阻值应为 0.02 ~0.76 kΩ，次级绕组的阻值应为 2.4 ~3.5 kΩ。（　　）

6. 桑塔纳轿车霍尔传感器输出电压值应在 0 ~9 V 范围变化。（　　）

7. 普通电子点火系完全取消了断电器的触点，利用电子开关代替断电器的触点，周期地接通或切断点火系统的初级电路。（　　）

8. 霍尔效应式电子点火系的霍尔传感器安装在分电器内。（　　）

9. 由于霍尔发生器取代了断电器的触点部分，所以它不需要点火控制器。（　　）

10. 电子点火控制器只具有控制点火线圈初级电流的功能。（　　）

## 四、简答题

1. 普通电子点火系的特点有哪些?

2. 简述霍尔效应式电子点火系的工作原理。

3. 简述光电式电子电火系的工作原理。

4. 以桑塔纳轿车（霍尔效应式电子点火系）为例，说明点火时间的校正方法。

5. 简述测量霍尔传感器输出电压的步骤。

# 课题二　计算机控制电子点火系

## 一、填空题

1. 点火控制器是计算机点火控制系统的功率________，它按电控单元输出的________工作，并对______________进行放大，驱动点火线圈工作。

2. 大功率三极管除了起开关作用外，还具有____________、闭合角控制、判别缸位、点火监视等功能。

3. 传感器是将电信号或非电信号经__________转变为__________的装置。

4. 发动机转速信号是计算机用来读取或计算基本点火提前角最主要的依据之一，而曲轴转角信号则用来计算具体的____________。

5. 曲轴基准位置传感器可在曲轴转至某一特殊的位置输出一个____________，计算机将这一脉冲信号作为计算____________的曲轴位置基准点，并与曲轴转角信号一起计算曲轴任一时刻所处的具体位置。

6. ______________用来检测发动机是否发生爆燃。

7. 节气门位置传感器将____________信号转变为电信号，计算机通过这个信号来判定节气门所处的位置及发动机的工况，依此修正__________。

8. VAG1552 故障诊断仪可以进行自诊断测试、____________、____________，同时还具有清除故障存储、对系统进行基本设定、读取测量数据等多种功能。

9. 对于桑塔纳 2000GSi 轿车来说，“00524”故障代码代表____________元件。

10. 安装电子点火装置时，接线必须正确牢靠以及搭铁可靠，______________不可接错。

11. ______________简称 ECU，其根据各传感器输入的信号，确定________和______________，实现对点火提前角和闭合角的控制，并将点火控制信号输送给______________，通过点火控制器快速、准确地控制______________的工作。

12. 点火提前角通常由______________、______________和________________三部分组成。

13. 点火提前角的控制通常有__________控制和__________控制两种方式。

14. 计算机控制点火系统按照系统的组成可分为________________________点火系统和

____________________点火系统两类。

15. 无机械配电器式点火系也称为____________________。

## 二、选择题

1. 一般来说，缺少了（　　）信号，电子点火系将不能点火。

A. 水温（冷却液）B. 转速　　C. 上止点

2. 点火线圈的闭合角主要是通过（　　）加以控制的。

A. 通电电流　　B. 通电时间　　C. 通电电压

3. 发动机一旦产生爆震，计算机控制点火系统可采用（　　）点火提前角的方法防止爆震。

A. 推迟　　B. 提前　　C. 固定

4. 双缸同时点火方式是指点火线圈每一次产生高压，使成对的两缸火花塞跳火，其中只有一缸是有效点火，而另一缸是无效点火，无效点火缸恰好处在（　　）行程。

A. 进气　　B. 压缩　　C. 排气

5. 对桑塔纳 2000GSi 点火系进行检修，检测到发动机转速传感器时，断开点火开关，测量传感器电阻（2～3 号端子），阻值约为（　　）。

A. 10～20 Ω　　B. 100～200 Ω　　C. 480～1 000 Ω

## 三、判断题

1. 计算机控制点火系的主要组成部件有点火线圈和火花塞，其作用与传统点火系中的组件基本相同。（　　）

2. 起动开关信号的作用是在起动机接通时，通知计算机发动机处于起动状态，并以此控制起动时的点火提前角。（　　）

3. 初始点火提前角由发动机的结构及曲轴位置传感器的安装位置决定。（　　）

4. 发动机在正常运行期间，ECU 根据试验的发动机转速和负荷信号，在存储器数据表中选出相应的数据作为基本点火提前角。（　　）

5. 空气流量传感器用来测量进入气缸的空气量，作为发动机的负荷信号，同时也作为点火提前角的基本信号。（　　）

6. 冷却液温度传感器测量发动机进气温度信号送入计算机，计算机根据此信号对点火提前角进行修正，并控制起动和暖机期间的点火提前角。（　　）

7. 点火线圈次级电压输出能力非常高，当发动机运转时，可以触摸或拔下高压线。（　　）

8. 拔下或插上喷油器插头、点火系的插头或测试导线，以及清洁发动机、拆装蓄电池之前，要关闭点火开关。（　　）

9. 带有爆震控制的系统是属于点火提前角的开环控制系统。（　　）

10. 发动机工作期间（多在低速大负荷工况时）如发生爆震，且爆震强度达到一定程时，电子控制单元能根据爆震强度的大小给点火电子组件发出提前点火的信号。（　　）

11. 通电时间和闭合角是完全不同的两个概念，不可混为一谈。（　　）

12. 计算机控制的电子点火系统中，发动机转速和电源电压发生变化时，必须对通电时

间进行修正。 (　　)

13．在发动机转速和电源电压发生变化时，无须对点火时间进行修正。 (　　)

**四、简答题**

1．什么是闭环控制？爆震传感器是怎样实现闭环控制的？

2．简述桑塔纳2000GSi轿车点火系的检修内容和检修方法。

3．在电子控制点火系统中，点火提前角是如何确定的？

# 模块五　汽车照明信号系统

## 课题一　汽 车 灯 具

### 一、填空题

1．前照灯可分为______和______。

2．制动灯装在汽车的______，功率为______W，光色为______。

3．汽车灯具按功能不同可分为______和______。前者包括______、______、______、______和工作灯等；后者包括______、______、______、______指示灯和警示灯等。

### 二、选择题

1．汽车转向灯灯光的颜色是（　　）。

A．白色　　B．黄色　　C．红色　　D．琥珀色

2．汽车牌照灯的功率一般为（　　）W。

A．3～5　　B．5～10　　C．8～20　　D．20～35

3．牌照灯要确保行人距车尾（　　）m 处看清牌照上的文字及数字。

A．10　　B．20　　C．30　　D．40

4．倒车灯的光色为（　　）色。

A．红　　B．黄　　C．白　　D．蓝

## 课题二　汽车照明系统

### 一、填空题

1．前照灯的光学系统包括______、______、______。

2．按光学组件结构不同，可将前照灯分为______、______、______三种。

3．配光镜又称______，它是由______压制而成，由很多块特殊的______镜和______镜组合，几何形状比较复杂，外形一般可分为______和______。

4．目前汽车前照灯的灯泡有______灯泡和______灯泡两种。

5．汽车前照灯光束在光屏上的水平位置要求左灯向左偏不得大于______mm。

## 二、选择题

1. 两灯制汽车前照灯的光束发光强度要求在（　　）cd 以上。

   A. 10 000　　B. 12 000　　C. 15 000　　D. 18 000

2. 汽车前照灯的右灯光束在测试光屏上向右向左偏均不得大于（　　）mm。

   A. 100　　B. 150　　C. 170　　D. 200

3. 向灯泡中充入惰性气体即可以制成（　　）。

   A. 白炽灯　　B. 卤素灯　　C. 弧光灯　　D. 氙灯

4. 前照灯反射镜的作用是（　　）。

   A. 防炫目　　B. 使光亮度增强，照距更远

   C. 使照射光形合理　　D. 散热

5. 卤素灯泡和普通白炽灯泡相比优点很多，下列描述中不正确的是（　　）。

   A. 卤素灯的寿命是普通白炽灯的 2 ~ 3 倍

   B. 卤素灯的亮度是普通白炽灯的 1.5 倍

   C. 卤素灯的体积更小

   D. 卤素灯的黑化比普通白炽灯更为严重

## 三、判断题

1. 只有在近光灯亮时，雾灯电路才能接通。（　　）
2. 配光镜的作用是将灯泡发出的光线聚合成强光束，以增加照射距离。（　　）
3. 超车灯开关可以切换远光和近光，有脚踏变光开关和组合式开关两种。（　　）
4. 继电器控制线路有控制火线式和控制搭铁线式之分。（　　）
5. 前照灯应使驾驶员能看清车前 100 m 或更远距离以内路面上的任何障碍物。（　　）

## 四、简答题

1. 对汽车前照灯的照明有何要求？

2. 汽车前照灯的照射光束应满足哪些要求？

3. 简述利用集光式测试仪对前照灯的检测和调整方法。

# 课题三 汽车信号系统

## 一、填空题

1. 汽车信号系主要由________________、倒车信号装置、________________和喇叭等组成。

2. 转向信号装置主要包括__________、__________和闪光器，其中闪光器是主要器件。

3. 常见的闪光器有____________、电容式、______________等类型。

4. 倒车信号装置有______________、声报警、______________三种报警方式。

5. 喇叭按发音动力不同可分为__________________和______________两类，按外形可分为______________、______________和____________三种。

6. 汽车高音电喇叭膜片较__________，扬声筒较__________；低音电喇叭则相反。

7. 电喇叭的音调可通过改变__________调整，音量可通过改变__________预压力调整。

## 二、选择题

1. 倒车灯灯光颜色为（　　）色。

A. 白　B. 黄　C. 红　D. 淡黄

2. （　　）灯夜间标示车辆的存在及所处位置。

A. 制动灯　B. 示廓灯　C. 示位灯　D. 倒车灯

3. 制动灯的功率一般为（　　）W。

A. 3　B. 5　C. 21　D. 45

4. 转向灯和转向指示灯闪烁频率一般为（　　）次/min。

A. 60　B. 80　C. 100　D. 160

5. 倒车信号装置的报警方式有（　　）种。

A. 1　B. 2　C. 3　D. 4

6. 喇叭音调的高低由活动铁芯的（　　）决定。

A. 通电电流　B. 振动频率　C. 线圈磁场　D. 通电时间

7. 电喇叭的铁芯间隙一般为（　　）mm。

A. 0.1～0.6　B. 0.7～1.5　C. 1.6～1.8　D. 1.8～2.0

## 三、判断题

1．制动灯的作用是照明车辆后侧，同时警告后方的车辆及行人注意安全。（　　）

2．将前照灯、雾灯、示廓灯等组合起来可构成组合前灯。（　　）

3．闪光器是转向信号装置的主要器件。（　　）

4．当按下标有红色“△”的危险警告灯开关时，左右转向灯将同时闪烁。（　　）

5．倒车蜂鸣器是一种连续发音的音响信号装置。（　　）

6．被动式声纳系统是指能辐射出超声波并能接收其反射波的系统。（　　）

## 四、简答题

1．怎样调整汽车电喇叭的音调？

2．简述电容式闪光器的工作原理。

# 课题四　汽车照明信号系统常见故障诊断与排除

## 一、填空题

1．汽车照明系统中前照灯电路的故障现象主要有________、________、________、________。

2．汽车信号系统闪光信号灯工作不正常的故障现象主要有________、________、________、________。

3．将稳压电源、________、________接入试验电路，可以检测闪光继电器的工作情况。

4．若按下按钮，喇叭不响，检查电路发现熔断器熔断，肯定是线路中有________，可分段检查。

## 二、判断题

1. 将稳压电源的输出电压调至12 V，接通试验电路，观察灯的闪烁情况。如果灯能够正常常亮，则闪光继电器完好；如果灯不亮则表明闪光继电器损坏。 （ ）

2. 若火线有电，再用旋具将喇叭继电器的“电池”与“喇叭”两接线柱短接，若喇叭响，说明喇叭继电器或按钮有故障，否则，喇叭本身或连接线有故障。 （ ）

3. 将万用表一只表笔搭铁，另一只与接灯的导线接头相连，如果万用表读数为1，说明有搭铁故障存在。 （ ）

## 三、简答题

1. 简述汽车照明与信号装置的故障诊断方法。

2. 汽车照明电路的常见故障有哪些？

3. 简述喇叭长鸣故障现象的诊断流程。

# 模块六 汽车仪表报警显示装置

## 课题一 汽 车 仪 表

### 一、填空题

1．汽车常规仪表包括__________、__________、__________、________、________、车速里程表等。汽车上常见的仪表分为_____________和_____________两类。

2．电流表用来指示蓄电池的_____________________。

3．燃油表用来指示_______________的多少，它由装在仪表板上的_____________和装在油箱内的传感器一起工作。

4．机油压力表由_____________和_____________两大部分组成。

5．发动机转速表用来测量_____________，按结构不同可分为机械式和___________两种。

6．车速里程表由车速表和里程表两部分组成，可分为_____________、电子式车速里程表和_____________等类型。

### 二、选择题

1．燃油表传感器由可变电阻、滑杆和（　　）组成。

A．线圈　　B．指针　　C．浮子　　D．转子

2．发动机低速运转时机油压力最低不小于（　　）kPa。

A．100　　B．150　　C．200　　D．250

3．油压传感器是利用油压大小推动滑臂来改变可变电阻阻值的，当压力（　　）时，其电阻值（　　）。

A．增大，减小　　B．增大，增大　　C．减小，减小　　D．减小，不变

4．帕萨特汽车是从（　　）处获取发动机的转速信号。

A．发电机　　B．凸轮　　C．飞轮　　D．点火系

5．常见的机械式车速里程表是利用（　　）原理计算里程的。

A．电磁　　B．机械　　C．电热　　D．磁感应

6．里程表计数轮每转一圈，相邻的左边计数轮就自动加（　　）。

A．1　　B．10　　C．100　　D．1 000

### 三、判断题

1．燃油表有电磁式、电热式和动磁式三种。　（　　）

2. 燃油表只指示主油箱内的燃油总量。 (　　)

3. 当发动机冷却液温度升高时，冷却液温度表传感器的热敏电阻阻值增大。 (　　)

4. 车速里程表不受车轮半径的影响，不同车轮半径的车速里程表可以互用。 (　　)

5. 发动机转速一般不得越过红色危险区的危险标线。 (　　)

6. 机油压力表正常指示的最高压力不应超过300 kPa。 (　　)

**四、简答题**

1. 简述电磁式燃油表的基本结构。

2. 简述冷却液温度表的工作原理。

3. 电子式转速表按转速信号的获取方式不同可分为哪几种？

## 课题二　汽车报警显示装置

**一、填空题**

1. 报警装置由____________和____________组成。

2. 指示灯与报警灯一般采用______________，也有采用______________的。

3. 当机油压力低于一定值时，____________接通______________，警告灯点亮以提醒驾驶员注意。

4. 桑塔纳轿车机油压力指示系统由低压传感器、________________、油压检查控制器、

________________和油压报警蜂鸣器组成。

5. 液面过低报警装置适用于______________、发动机冷却液、________________等液面过低的报警。

6. 燃油油量报警灯装置由______________________的热敏电阻式燃油油量报警传感器和____________________组成。

7. 汽车常见电子显示器件大致可分为两类：________和__________。

## 二、选择题

1. 一般报警灯多采用（　　）色，以示情况紧急。

A. 白　B. 黄　C. 红　D. 蓝

2. 汽车上(!)图标表示（　　）。

A. 危险信号　B. 发动机故障　C. 汽车制动器失效　D. 驻车制动

3. 当机油压力高于（　　）kPa 时，EQ1090 型汽车机油压力警告灯电路断开，警告灯熄灭。

A. 50　B. 90　C. 150　D. 190

4. 当冷却液温度高至（　　）℃，警告灯点亮，提醒驾驶员注意。

A. 108　B. 98　C. 88　D. 78

5. （　　）是一种新型的非发光型平板显示器件。

A. LED　B. VFD　C. PDP　D. LCD

6. （　　）在汽车上常用作汽车电子钟。

A. LCD　B. VFD　C. PDP　D. LED

## 三、判断题

1. 指示灯与报警灯一般采用 5 W 的小功率灯泡。（　　）

2. 机油压力报警装置的报警开关一般装在主油道上。（　　）

3. 当水温较低时，仪表板上的红灯亮，表示水温低，汽车不宜行驶。（　　）

4. 电子显示装置有一“表”多用的功能，逐步取代常规的指针式仪表。（　　）

5. LCD 不宜作大型显示器。（　　）

6. 真空荧光显示是一种主动显示，其发光原理与电视机中的显像管相似。（　　）

## 四、简答题

1. 简述机油压力报警装置的作用。

2．简述制动信号灯断路警报装置的工作原理。

3．简述燃油油量报警灯装置的工作原理。

4．电子显示装置有哪些优点？

## 课题三　汽车仪表与报警系统常见故障诊断与排除

### 一、填空题

1．汽车仪表常见的故障有__________、__________、__________等。

2．车速表指针不动或抖动的主要原因有__________、__________。

3．燃油表指针不动的主要原因有_______________、_______________、_________________。

4．用旋具将冷却液温度表电源接线柱与缸体划擦，若无火花，说明________________________；若有火花，说明____________________。

### 二、判断题

1．起动发动机，用旋具将机油压力传感器接线柱搭铁，若机油压力表指针不动，故障在机油压力传感器。（　　）

2．桑塔纳轿车机油压力报警灯无论在何种工况下一直常亮，发动机机油压力正常，蜂鸣器不响，这些现象表明发动机的机械部分正常，故障出在发动机电器部分。（　　）

3．电子显示装置自检过程中，仪表功能标准符号一般都常亮，检验完成时，所有仪表都显示出当时的读数。若发现故障，便显示一个提醒驾驶员的代码，可根据故障代码查找相应的维修手册进行检修。（　　）

**三、简答题**

1．机油表工作不正常的故障原因有哪些？

2．水温表工作不正常的故障原因有哪些？

3．燃油表工作不正常的故障原因有哪些？

# 模块七　汽车辅助电器

## 课题一　电动刮水器及洗涤器

### 一、填空题

1．汽车上采用的刮水器根据其动力不同可分为________、________和________三种。

2．刮水器电动机最常用的是____________，它由____________、电枢、__________、壳体及驱动端盖等组成。

3．刮水器控制开关有________、低速挡、____________、复位停止挡、____________等。

4．电动洗涤器通常由储液罐、__________、输水软管、______________、三通管接头和喷嘴等组成。

5．在对电动刮水器系统的故障进行检修之前，需要确定其是______________故障还是______________故障。

6．大多数导致刮水器动作慢的电路故障是由于________________________而引起的。

7．如果刮水系统只是在间歇挡位工作不正常，首先应检查____________________是否良好。

8．造成刮水器不能复位的故障原因可能是__________，也可能是刮水器开关内接触片变形所致。

9．许多电动洗涤装置的故障都是因__________________而引起的。

### 二、选择题

1．（　　）使刮水器回到行程末端，而不停止在中间位置。

A．雨刮电动机　　B．蜗轮蜗杆装置　　C．自动停位器　　D．连杆机构

2．刮水电动机旋转，通过蜗轮蜗杆（　　），驱动蜗轮上的曲柄带动连杆机构运动。

A．加速　　B．降速　　C．变速　　D．连接

3．桑塔纳汽车电动刮水器控制开关有（　　）个挡位。

A．3　　B．4　　C．5　　D．6

4．电动刮水器高速挡运转速度一般为（　　）r/min。

A．42～52　　B．62～80　　C．80～90　　D．92～100

5．桑塔纳汽车电动刮水器，当刮水器开关拨到2挡时，雨刮电动机（　　）运转。

A．低速　　B．中速　　C．怠速　　D．高速

6．电动洗涤器的喷射压力约为（　　）kPa。

A. 40 ~ 58　　B. 60 ~ 78　　C. 70 ~ 88　　D. 80 ~ 98

7. 电动洗涤器的电动泵（　　）装有滤清器。

A. 进水口　　B. 出水口　　C. 内部　　D. 进水口或内部

8. 最常用的刮水器电动机是（　　）刷永磁电动机。

A. 三　　B. 四　　C. 五　　D. 六

9. 刮水电动机中，高速电刷与低速电刷的夹角一般为（　　）。

A. 30°或 60°　　B. 45°或 135°　　C. 60°或 90°　　D. 75°或 150°

## 三、判断题

1. 刮水器电动机的换向器上安装的 3 个电刷均为高速电刷。（　　）
2. 铜环滑片形状不同，刮水器电动机控制方式相同。（　　）
3. 电动刮水器中的蜗轮蜗杆起减速作用。（　　）
4. 刮水电动机为单速永磁直流电动机，电路受点火开关和中间继电器的控制。（　　）
5. 电动洗涤器的主要作用是提高刮水器刮片的刮刷性能。（　　）
6. 接触电阻大可以引起刮水器动作缓慢。（　　）
7. 洗涤喷嘴通常装在发动机盖表面，对着挡风玻璃。（　　）
8. 由于电动洗涤器应与刮水器配合工作，所以两系统属于同一控制电路。（　　）
9. 刮水电动机中，公共电刷为正极电刷。（　　）

## 四、简答题

1. 电动刮水器由哪些部件组成？

2. 电动洗涤器的主要作用是什么？

3. 如何判断电动刮水器系统的故障是电器故障还是机械故障？

4. 简述刮水器运转速度慢的电路故障检查方法。

5. 下图所示为刮水器不工作故障的诊断流程图，补充完整。

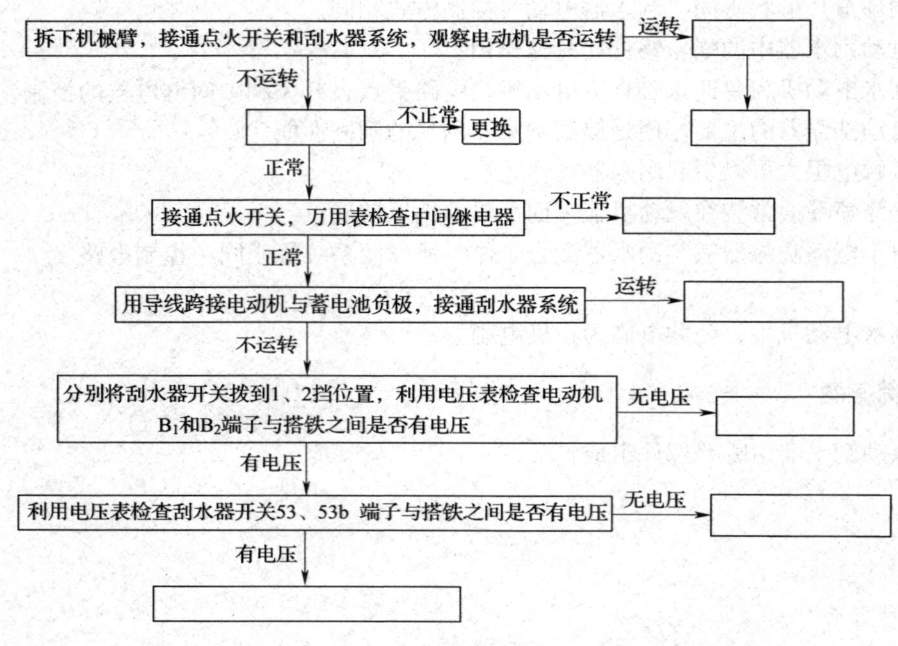


刮水器不工作故障诊断流程图

# 课题二　汽 车 音 响

## 一、填空题

1. 汽车音响主要由扬声器、天线、________________或 CD 唱盘机等组成，高级音响还有 MD 放音、DTA 数码音响、DPS、电子分音器、电视接收系统、________________等。

2. 收放机由__________和____________组成。

3. 天线用来接收广播电台的__________，通过____________向无线电调频装置传送。

4. 电动天线又称____________，它是通过电动机控制天线升降的。电动天线由______、电动机、________、减速器机构和天线等组成。

5. 激光唱机由____________和____________两部分组成。

6. 激光唱盘机又称为 CD 机，主要由_______________、_______________、数模转换系统、控制及显示电路组成。

7. 调制是使载波信号某项参数（如幅度、频率或相位）随调制信号的变化而变化，从而将调制的信号________到载波的过程。

8. 调幅波的解调过程称为__________；调频波的解调过程称为__________。

9. __________的作用是将已放大的音频信号通过喇叭电路使喇叭发出声音。

10. 汽车音响检修程序是：用户调查→__________→外观检查→__________→找出故障件→修复或更换故障件→还原调试。

11. 一般音响多采用____________________和____________________来防盗。

12. __________________是一套通过车载显示屏幕观看汽车四周 360°全景融合、超宽视角、无缝拼接的适时图像信息（鸟瞰图像），了解车辆周边视线盲区，帮助汽车驾驶员更为直观、安全地停泊车辆的泊车辅助系统，又叫____________________________。

## 二、名词解释

1. 调幅

2. 变频

3. 听声检查法

4. 手感探测法

5. 替代法

## 三、判断题

1. FM 调谐器的工作过程是变频的过程，最后得到固定的高频调频信号（其频率为 10.7 MHz）。（　）

2. 在无线电广播信号传播过程中，由于人们听到的音频信号是低频信号，能量很小，不能进行远距离传送。（　）

3. 天线的升降是通过改变电动机的旋转方向实现的。（　）

4. 替代法适合于检修汽车音响中的机械类故障，同时常常与其他检测方法相配合使用，并贯穿于修理的全过程。（　）

5. 对于采用集成电路控制的自动天线，常见的故障原因多为集成电路或者驱动继电器损坏。（　）

## 四、简答题

1. 根据下面的电动天线基本电路图，分析电动天线的工作过程。

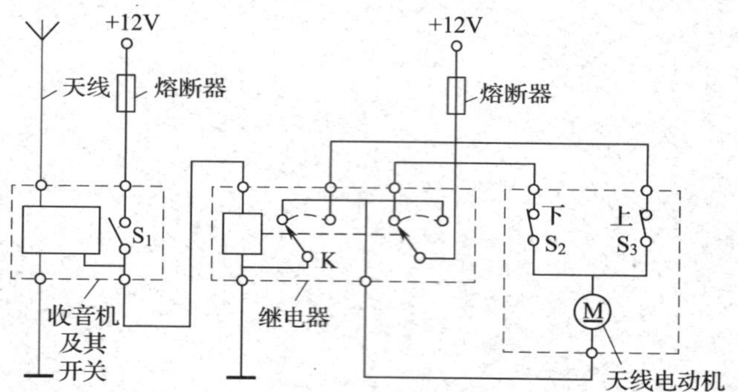


电动天线基本电路图

2．汽车音响的检修方法有哪些？

3．收音机的常见故障有哪些？如何将其分别排除？

4．一辆帕萨特 B4 轿车拆下蓄电池电缆后音响锁死，如何将其解码？

# 模块八　汽 车 空 调

## 课题一　汽车空调系统概述

### 一、填空题

1．现代汽车全功能空调是由________________、______________、______________、______________及______________等部分组成的。

2．汽车空调制冷系统由________________、________________、________________、______________、______________、______________、______________、______________等组成。

3．汽车空调采暖系统由________、________、________、________组成。

4．汽车空调制冷装置在工作时，空调压缩机把______温______态制冷剂（冷媒）压缩成______温______压______态后通过______压空调管路进入________，由于车外温度低于进入冷凝器的制冷剂温度，借助于冷凝风扇的作用，在冷凝器中的制冷剂的大量热量被车外空气带走，制冷剂进入蒸发器__________。

5．冷凝器的作用是把来自压缩机的高温高压气态制冷剂通过__________和__________将其中的热量传递给冷凝器周围的________，从而使高压高温的气态制冷剂冷凝成高压中温的液体。

6．____________利用低温低压的液态制冷剂蒸发时需吸收大量热量的原理，把通过它周围的空气中的热量带走，变成冷空气送入车厢，从而达到______________的目的。

7．车用空调的制冷剂主要是____________和__________。

8．视镜有两个作用：一是指示系统中________________________________，二是指示制冷剂________________________。

9．压缩机卡死的原因通常是由于冷冻机油________或者由其引起的其他故障。如果电磁离合器或皮带打滑，可能是压缩机________所致，这时应立即将空调关掉，检查系统是否有泄漏。若不是，则可能是冷冻机油油路问题。

10．__________式汽车空调制冷压缩机由__________的发动机驱动，汽车空调系统的制冷性能受汽车发动机工况的影响较大，工作稳定性较差，尤其是低速时制冷量不足，而在高速时制冷量过剩，并且消耗功率较大，影响发动机动力性。

11．____________是推动制冷剂在制冷系统中不断循环的动力源，起____________、保证制冷系统正常工作的作用。

12．电磁离合器的工作原理是当电流通过__________，产生较强的磁场，使压缩机的电磁离合器从动盘和自由转动的__________，从而驱动压缩机主轴旋转。

13. 储液干燥器主要由储液器、_______、_______、_______和_________等组成。

14. 在温度为20℃时，桑塔纳3000电磁离合器励磁线圈的电阻约为_________。

15. 在进行节流孔管的检修时，若发现其堵塞需更换，同时还要更换_______________。

16. 蒸发器的常见故障有蒸发器___________、___________、___________，蒸发器管连接处有___________、___________等。

## 二、选择题

1. 中、大型商用车空调压缩机一般都是传统的（　　）式，又称立式。
   A. 曲轴连杆机构　B. 摇摆斜盘式　C. 回转斜盘
2. 膨胀阀安装在（　　）入口管路上。
   A. 冷凝器　B. 蒸发器　C. 压缩机
3. （　　）部件是属于CCOT系统的空调装置。
   A. 储液干燥器　B. H形膨胀阀　C. 集液器
4. 由于（　　）对地球臭氧层有害，现已基本禁止使用。
   A. Rl2　B. R134a　C. $CO_2$
5. 恒温器一般感受到的是（　　）表面温度。
   A. 冷凝器　B. 压缩机　C. 蒸发器

## 三、判断题

1. 汽车空调按结构形式不同可分为整体式空调和分体式空调两种。（　　）
2. 非独立式汽车空调系统一般多用在制冷量相对较小的乘用车上。（　　）
3. 中、小型汽车空调压缩机以摇摆斜盘式和回转斜盘式为主要形式。（　　）
4. 除大型独立式空调机组外，一般汽车空调压缩机都是通过其前端的皮带盘与发动机曲轴皮带轮进行连接的，压缩机的停、开是由电磁离合器的释放或吸合决定的。（　　）
5. 汽车空调制冷系统采用的蒸发器有管翅式、管带式两种。（　　）
6. 蒸发器出口压力作用于外平衡热力膨胀阀膜片下侧，反映的不是蒸发器的进口压力，而是出口压力。（　　）
7. 节流孔管没有运动部件，结构简单、成本低、可靠性高，同时节省能耗。（　　）

## 四、简答题

1. 电磁离合器的常见故障有哪些？故障原因分别是什么？

2．简述汽车空调系统的主要作用。

3．简述储液干燥器的作用。

4．热力膨胀阀和节流孔管的常见故障有哪些？

## 课题二　汽车空调系统的维护与检修

### 一、填空题

1．制冷剂不足常常导致汽车空调______________或____________。

2．观察法检漏是指用眼睛查看制冷系统（特别是制冷系统的管接头）部位有无____________的一种检漏方法。

3．电子检漏仪检漏是根据电子检漏仪产生________________或者____________标定泄漏的多少，从而检测出制冷剂的泄漏部位及其强度。

4．空调系统抽真空总的时间不应少于__________，充分排除系统中的__________之后，才可以向系统中充注制冷剂。

5. 电磁离合器的常见故障有＿＿＿＿＿＿＿＿、＿＿＿＿＿＿＿＿、＿＿＿＿＿＿＿＿、＿＿＿＿＿＿＿＿等。

6. 压缩机的常见故障有压缩机＿＿＿＿＿＿、＿＿＿＿＿＿、＿＿＿＿＿＿及＿＿＿＿＿＿。

7. 冷凝器与水箱之间的距离不应超过＿＿＿＿＿＿＿。

8. 汽车空调系统的检漏方法包括观察法、肥皂泡沫法、卤素检漏灯检漏、＿＿＿＿＿＿、＿＿＿＿＿＿、＿＿＿＿＿＿、＿＿＿＿＿＿等。

## 二、判断题

1. 通过观察视镜中制冷剂的情况，如发现视镜中有气泡、泡沫不断流过，说明汽车空调系统中制冷剂不足。（　　）

2. 低压表用来检测系统低压侧压力。（　　）

3. 空调低压侧系统工作压力一般为 103 ~ 241 kPa。（　　）

4. 空调压力表接头与软管连接时，需用工具拧紧。（　　）

5. 使用歧管压力表组件时要把管内空气排尽。（　　）

6. 真空泵是汽车空调制冷系统安装、维修后抽真空不可缺少的设备，以去除系统内的空气和水分等物质。（　　）

7. 多功能电子检漏仪既能检测 R12 又能检测 R134a。（　　）

8. 在对电磁离合器进行修理时，可以将制冷循环打开。（　　）

9. 膨胀阀出现阻塞或节流作用失效的故障，会造成系统不制冷或制冷不足。（　　）

10. 当高压手动阀关闭，而低压手动阀打开时，可以从低压侧充注气态制冷剂。（　　）

## 三、简答题

1. 简述汽车空调的使用注意事项。

2. 简述汽车空调检查与保养的内容。

3．如何使用气管压力表组件和真空泵对空调系统抽真空？

4．如何使用制冷剂注入阀？

5．如何使用电子检漏仪检漏？

6．如何从低压端充注气态制冷剂？

# 模块九　汽 车 电 路

## 课题一　汽车电路基础

### 一、填空题

1. 汽车电器线路中的导线分为＿＿＿＿＿＿和＿＿＿＿＿＿两种。

2. 在汽车电器线路中，导线上一般都标有数字和字母符号，如 2.0RY、1.0RW 等。其中数字 2.0、1.0 表示导线的＿＿＿＿，单位为 $mm^2$；第一个字母 R 表示＿＿＿＿，第二个字母 Y 或 W 表示＿＿＿＿＿＿＿＿＿。

3. 随着汽车电器的增多，导线数量也不断增加。为了便于维修，低压导线常用不同颜色来区分。其中，导线截面积在 4 $mm^2$ 以上的采用＿＿＿＿线，而截面积在 4 $mm^2$ 以下的采用＿＿＿＿线。

4. 汽车用低压导线的颜色代码 B、W、R，分别表示＿＿＿色、＿＿＿色、＿＿＿色。

5. 汽车收音机、电子钟、点烟器等辅助电气系统的导线主色是＿＿＿色。

6. 现代汽车的线束总成由＿＿＿＿、＿＿＿＿＿、＿＿＿＿＿、＿＿＿＿＿、＿＿＿＿＿等组成。

7. 汽车用继电器可分为＿＿＿＿＿＿＿＿和＿＿＿＿＿＿＿＿两种。

8. 易熔线一般位于＿＿＿＿＿和＿＿＿＿＿或＿＿＿＿＿之间或附近。

9. 根据触点的状态不同，继电器可分为＿＿＿＿＿＿＿型、＿＿＿＿＿＿＿型和＿＿＿＿＿＿＿型三类。

10. 汽车开关用来控制汽车电路中各种用电设备，按其用途可分为点火开关、起动开关、＿＿＿＿＿、＿＿＿＿＿和小型直流电动机开关等五种。

11. 易熔线常用于保护＿＿＿＿＿＿或＿＿＿＿＿＿。

12. 熔断器常用于保护＿＿＿＿＿＿，其限额电流值＿＿＿＿＿＿，一般在熔断器上都有标注。

13. 汽车电路中搭铁的表示方法有＿＿＿＿＿＿＿＿＿＿、＿＿＿＿＿＿＿＿＿＿和＿＿＿＿＿＿＿＿＿＿。

14. 为了便于诊断故障、规范布线，现代汽车常将熔断器、断路保护器、继电器等电路易损件集中布置在一块或几块配电板上，配电板背面用来＿＿＿＿＿＿＿，这种配电板及其盖子就组成了＿＿＿＿＿＿。

### 二、判断题

1. 低压线包括普通导线、起动电缆、搭铁电缆和屏蔽线。　　（　　）

2. 起动电缆连接蓄电池正极与起动机“30”电源端子。 (　　)

3. 在氧传感器信号电路、曲轴位置传感器电路中普遍使用屏蔽线。 (　　)

4. 插接器由插头与插座两部分组成，通常用涂黑表示插头，不涂黑表示插座；有倒角的表示插头插脚呈柱状，直角的表示插头插脚呈片状。 (　　)

5. 易熔线一般绑扎于线束内。 (　　)

6. 电路断路保护器不是一种可重复使用的电路保护装置。 (　　)

7. 闪光继电器是电路控制继电器。 (　　)

8. 焊接使用的专用工具是电烙铁。 (　　)

9. 诊断继电器的主要方法是测试继电器的电路。 (　　)

10. 用欧姆表确定继电器的引脚，如果任意两引脚间的阻值都是 0 或者无穷大，说明继电器良好。 (　　)

## 三、填表题

1. 下表里的英文字母是低压导线的颜色代码，写出相对应的颜色。

| 代码 | B | O | R | Y | G | Gr | Bl | Br | W |
|---|---|---|---|---|---|---|---|---|---|
| 导线颜色 | | | | | | | | | |

2. 对应下列实物图，写出相应元器件的名称。

| 实物图 |  |  |  |  | 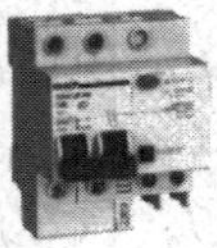 |
|---|---|---|---|---|---|
| 名称 | | | | | |

## 四、简答题

1. 如何用测试灯检测继电器（以 4 引脚继电器为例）？

2．如何用电压表检测汽车用继电器？

3．焊接导线时有哪些注意事项？

4．安装汽车线束时有哪些注意事项？

## 课题二　典型汽车线路图的分析与识读

### 一、填空题

1．汽车电路主要由＿＿＿＿＿＿＿＿、＿＿＿＿＿＿＿＿、＿＿＿＿＿＿＿＿、＿＿＿＿＿＿＿＿＿及＿＿＿＿＿＿＿＿＿组成。

2. 接线图是一种专门用来标记接线与连接器的______________、_________________、______________等信息的指示图，专门用于检修时查询______________走向、线路故障及线路复原时使用，并不论及所接连电器的工作原理及型号。

3. 所有的汽车电路图均是由__________、____________和__________来表示的，它们遵守一定的规则和约定，但各种车型由于产地和厂家的不同，而在图中采用了一些特定记号。

4. 在对线路图和接线图进行分解和研究的时候，要充分利用“________________”。

5. 一般来说，各个电气系统只有电源和总开关是共用的，任何一个电路系统都是一个完整的电气系统，包括____________、开关、熔断器、连接器、电器设备、____________、______________。

6. ______________是包含所有电器元件在内的、表明其工作原理的参考图。

7. 在对复杂电路图进行分析的时候，首先应该看________，在对汽车整车电路全局了解后，再根据工作特性对电路按系统进行________，运用掌握的知识对________进行分析研究，这样可以将电路简化，减少识图难度。

8. 现在大多数汽车的电路图都是按照__________________进行绘制的，阅读起来相对容易一些。

## 二、判断题

1. 汽车电路图常见的有接线图、线路图、电路原理图、线束图等四种表示方法。 (　　)

2. 接线图可以是整车电路的接线图，也可以是各系统的接线图。 (　　)

3. 线路图主要用来说明哪些电气设备的导线汇合在一起组成线束，从何处进行连接，为实车布置和电气设备安装提供方便。 (　　)

4. 汽车电路中常用的图形符号有电路图形符号和仪表、开关、指示灯标志图形符号。 (　　)

5. 所有汽车电路图均是由线条、图形符号和文字来表示的。 (　　)

## 三、填表题

根据下列电气元件图形符号，写出电气元件的名称。

| 符号 | M | | | | |
|---|---|---|---|---|---|
| 名称 | | | | | |

## 四、简答题

1. 下图所示是桑塔纳系列轿车起动系电路图，试分析其电流走向。

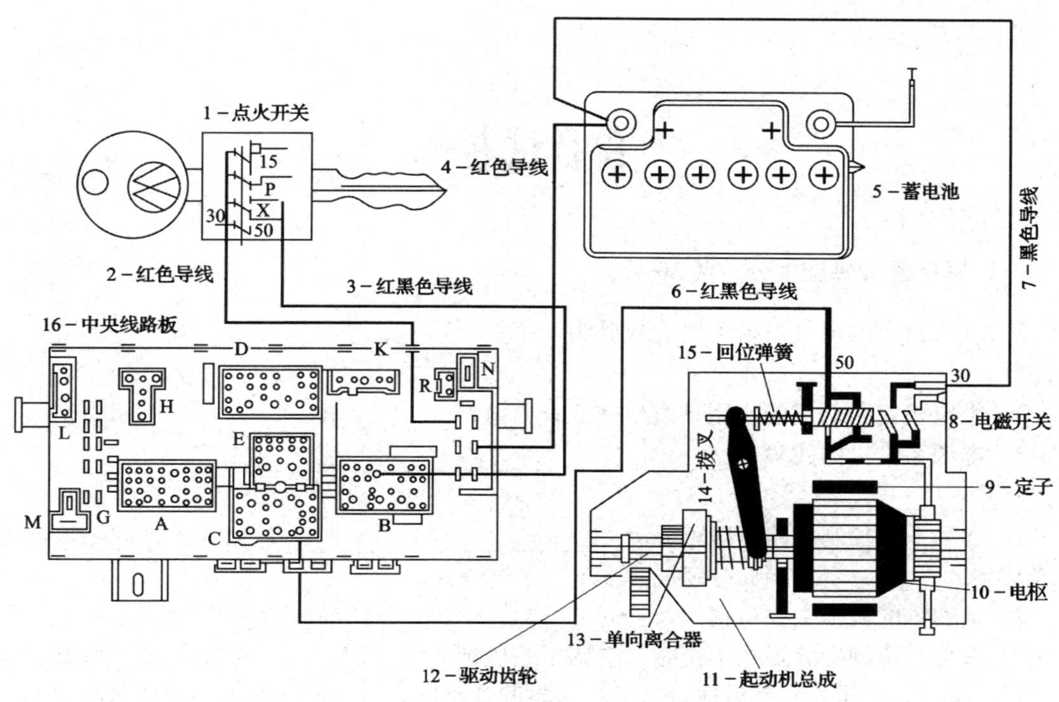


桑塔纳系列轿车起动系电路图

2．大众车系电路图的特点是什么？

3．丰田汽车电路图的特点是什么？

# 综合试卷一

**一、填空题（每空 1 分，共 30 分）**

1. 现代汽车的电气设备可以大致分为__________、__________和__________三大部分。

2. 发电机定子总成的作用是产生交流电，由________和____________组成。

3. 电源系常见的故障有______________、______________、______________、____________等。

4. 起动系的控制电路一般可分为____________________控制式、带起动继电器控制式及____________控制式三种。

5. 电喇叭的调整主要包括__________和__________的调整。

6. 汽车空调制冷装置在工作时，空调压缩机把_____温_____态制冷剂（冷媒）压缩成_____温_____压____态后通过_____压空调管路进入_______，由于车外温度低于进入冷凝器的制冷剂温度，借助于冷凝风扇的作用，在冷凝器中的制冷剂的大量热量被车外空气带走，制冷剂进入蒸发器汽化。

7. 汽车用低压导线的颜色代码 G、Y、O，分别表示__________色、_________色、__________色。

8. 察看断电器触点状态，如触点有油污，将其擦净；如触点有轻微烧蚀，可用______________；烧蚀重则应_______。触点的中心应_______。

9. 火花塞的作用是将____________引入气缸燃烧室并产生____________点燃工作混合气。

10. 电子点火系按点火能量的储存方式不同可分为____________式和____________式两种。

**二、选择题（每题 2 分，共 20 分）**

1. 在使用蓄电池时大电流放电时间不宜过长，使用起动机每次时间应小于等于（　　）s，相邻两次起动应间隔 15 s 以上。

A. 5　　B. 2　　C. 10

2. 晶体管电压调节器是利用晶体三极管的（　　）特性制成的。

A. 截止　　B. 导通　　C. 开关

3. 用万用表测量起动机电磁开关 50 与“C”端子之间的电阻，吸引线圈阻值应为（　　）Ω。

A. 0.3 ~ 0.5　　B. 3 ~ 5　　C. 30 ~ 50

4. 汽车电喇叭铁芯的气隙值一般为（　　）mm。

A. 0.3～0.5　　B. 0.5～1.0　　C. 0.7～1.5　　D. 1.2～1.5

5. (CHECK symbol) 表示（　　）。

A. 危险信号　　B. 发动机故障　　C. 汽车制动器失效　　D. 驻车制动

6. 汽车音响主要由（　　）、天线、收放机或 CD 唱盘机等组成。

A. 音箱　　B. 解调器　　C. 扬声器　　D. 显示器

7. 点火过早会使发动机（　　）。

A. 功率下降　　B. 功率提高　　C. 省油

8. 点火过早会造成（　　）现象。

A. 发动机爆震　　B. 发动机过热　　C. 排气管放炮冒黑烟

9. 桑塔纳中央高压导线的阻值应为（　　）。

A. 0～2.8 kΩ　　B. 0～28 Ω　　C. 0～2.8 Ω

10. （　　）部件是属于 CCOT 系统的空调装置。

A. 储液干燥器　　B. H 形膨胀阀　　C. 集液器

## 三、判断题（每题 1 分，共 10 分）

1. 发动机起动时，由蓄电池和发电机向起动机和点火系统供电。（　　）

2. 发电机电刷在电刷架内应活动自如，无卡滞。新电刷的长度为 13 mm，允许磨损极限为 10 mm，超过此极限应予更换。（　　）

3. 发电机输出电压随着其转速的升高而降低。（　　）

4. 喇叭音量的大小由通过电磁线圈的电流大小决定，电流越大则音量越小。（　　）

5. 收放机由喇叭部分和电路部分组成。（　　）

6. 空调压缩机皮带轮与压盘之间的间隙可以使用间隙规来测量，可选择不同的垫片来增大或减小间隙。（　　）

7. 易熔线一般位于蓄电池和起动机或电气中心之间或附近。（　　）

8. 为适应发动机随转速、负荷和汽油辛烷值变化而随时获得最佳点火提前角，传统点火系装有点火提前调节机构。（　　）

9. 电感放电的持续时间越长，点火性能越差。（　　）

10. 用万用表可以测量桑塔纳电子点火控制模块各端子的电压，但不能判断出电子点火控制模块、霍尔传感器及有关线路的故障。（　　）

## 四、名词解释（每题 3 分，共 12 分）

1. 搭铁

2．最佳点火提前角

3．闭合角

4．全自动空调系统

**五、简答题（每题 7 分，共 28 分）**

1．简述汽车电气设备的特点。

2．简述交流发电机的工作原理。

3．如何检修火花塞？

4．如何用电压表检测汽车用继电器？

# 综合试卷二

## 一、填空题（每空1分，共30分）

1. 铅蓄电池的充电分初充电、__________充电和__________充电三种。

2. 整流器的作用是把三相同步交流发电机产生的__________转换成__________输出，一般由六个硅二极管接成三相桥式全波整流电路。

3. 汽车用电设备包括__________、__________、__________、__________、仪表及报警装置、辅助电器和__________。

4. 转向灯及危险报警灯电路由转向灯、__________、转向灯开关、__________、报警开关等组成。

5. 电子显示装置大致可分为__________和__________两类。

6. 冷凝器是换热管、换热片组合一体的换热装置，是由__________、__________、__________组成的。

7. 汽车电源系统的导线主色是__________色。

8. 用塞尺进行断电器检查触点间隙检查，间隙应在__________范围内，若不符合规定，可放松固定螺钉，拧转__________进行调整。

9. 传统点火系点火过早时，应顺着__________方向转动分电器壳体可__________。

10. 用试灯法检查蓄电池是否漏电：在拆下蓄电池搭铁电缆后，用小功率试灯串入蓄电池负极柱与搭铁电缆之间，若试灯发亮，说明电路有__________现象。

11. 用万用表分别检测定子铁芯与各绕组首端间的电阻，阻值应为__________，否则绕组有__________，应重新绕组或更换新品。

12. 电子式发动机转速表按转速信号的获取方式不同可分为从__________获取信号的转速表，测取__________转速的转速表，从__________上获取转速信号的转速表。

13. 倒车信号装置有__________、声报警、__________三种报警方式。

14. 冷凝器与水箱之间的距离不应超过__________。

## 二、选择题（每题2分，共20分）

1. 在充电过程中，应密切关注电解液的温度，40℃时，应将充电电流减半；（　　）℃时，应立即停止充电。

A. 60　　B. 55　　C. 45

2. 用万用表检测交流发电机转子两极电环间的电阻，其值应为（　　）Ω。

A. 无穷大　　B. 20～30　　C. 3～4　　D. 0

3. 用万用表测量起动机的电磁开关 50 与外壳间的电阻，保持线圈阻值应为（　　）Ω。

A. 100 ~ 120　　B. 10 ~ 12　　C. 1.0 ~ 1.2

4. 倒车声纳系统由超声波脉冲发生器、超声波（　　）和微型计算机组成。

A. 传感器　　B. 执行器　　C. 振荡器　　D. 接收器

5. 当燃油减少到规定值以下时，热敏电阻元件露出油面，散热（　　），温度较（　　），电阻值较（　　），因此电路中电流增大，警告灯点亮。

A. 慢，高，小　　B. 快，高，小　　C. 慢，低，小　　D. 慢，高，大

6. 激光唱片又称为（　　）碟。

A. CD　　B. VCD　　C. DVD　　D. EVD

7. 火花塞绝缘体裙部长的火花塞，通常是（　　）火花塞。

A. 冷型　　B. 热型　　C. 中型

8. 检查断电器触点间隙，应为（　　）。

A. 0.1 ~ 0.2 mm　　B. 0.35 ~ 0.45 mm　　C. 0.2 ~ 0.3 mm

9. 用万用表欧姆档测量桑塔纳点火线圈的电阻，初级绕组的阻值应为（　　）。

A. 52 ~ 76 kΩ　　B. 5.2 ~ 7.6 kΩ　　C. 0.52 ~ 0.76 kΩ

10. 恒温器一般感受到的是（　　）表面温度。

A. 冷凝器　　B. 压缩机　　C. 蒸发器

**三、判断题（每题 1 分，共 10 分）**

1. 发电机不发电或电压较低（低于蓄电池端电压）时，由蓄电池向用电设备供电。（　　）

2. 充电电流过大，多是由于调节器有故障引起的。（　　）

3. 冷却液温度表指示的温度就是发动机冷却液的温度。（　　）

4. 电动刮水器停位机构的作用是当刮水器停止工作时，刮水器应能回到其行程的末端，而不是停止在中间位置。（　　）

5. 人们听到的音频信号是高频信号。（　　）

6. 由于压缩机的零配件购置困难，且装配要求又高，一般的汽车修理厂只承担电磁离合器打滑、线圈烧坏、压缩机卡死、压缩不良、泄漏、异响等常见故障的修理，如有上述故障可以直接更换电磁离合器或压缩机缸体部分。（　　）

7. 三接线柱式点火线圈与二接线柱式点火线圈的区别在于二接线柱式带附加电阻，而三接线柱式不带附加电阻。（　　）

8. 起动发动机，在发动机达到正常工作温度时（冷却液温度 70 ~ 80℃），发动机怠速旋转时突然加速。若转速不能迅速提高，感到发闷，或在排气管中有“突突”声，则为点火过早；若出现金属敲击声，则为点火过迟。（　　）

9. 计算机控制点火提前角与普通电子点火系的最大区别就是对点火提前角的控制。（　　）

10. 冷冻机油为空调压缩机运动部件提供润滑，但并不与制冷剂混合在一起在空调系统内循环。（　　）

## 四、名词解释（每题 3 分，共 12 分）

1. 整流

2. 电极间隙

3. 点火提前角

4. 加压法检漏

## 五、简答题（每题 7 分，共 28 分）

1. 蓄电池在使用过程中主要有哪些常见故障？

2. 如何用万用表检修整流器？

3．如何进行传统点火系的维护？

4．如何使用气管压力表组件和真空泵对空调系统抽真空？

# 综合试卷三

**一、填空题（每空 1 分，共 30 分）**

1. 免维护蓄电池和普通蓄电池在结构上有两大不同之处：________________结构和______________。

2. 晶体管电压调节器由于使用不当或质量不佳，可能导致发电机不发电。原因为大功率三极管____________________，稳压管或小功率三极管损坏，使功率三极管一直处于_________________。

3. 典型起动机的结构主要由______________、______________、______________组成。

4. 灯光开关的形式有____________、旋转式和____________等多种。

5. 汽车仪表常见故障有仪表____________、指针不动、____________等。

6. 电动天线又称_______________，它是通过电动机控制天线升降的。电动天线由____________、电动机、____________、减速器机构和天线等组成。

7. 储液干燥器的作用是临时性地存储在冷凝器中液化的制冷剂，根据__________需要，随时供给蒸发器，并补充系统中的微量渗漏及对系统中的____________。

8. 汽车上采用的刮水器根据其动力不同可分为____________、______________和____________三种。

9. 分火头和分电器盖漏电的检查，可在汽车上利用____________、____________，确定是否漏电，有漏电应更换。

10. 常见的点火信号传感器可分为____________、____________和____________三种，这三种类型的无触点电子点火系都是普通电子点火系。

11. 蓄电池长期放置不用，硫酸下沉，下部密度比上部____________，极板上下部发生电位差引起____________等。

12. 照明系统由电源、____________和____________组成。

13. 空调系统抽真空总的时间不应少于____________，充分排除系统中的__________之后，才可以向系统中充注制冷剂。

**二、选择题（每题 2 分，共 20 分）**

1. 通过检查如果发现蓄电池电解液液面过低，可补充（　　），使电解液液面符合标准，再进行补充充电。

　　A. 蒸馏水　　　　B. 自来水　　　　C. 硫酸

2. 用万用表分别测试定子铁芯与绕组各端之间的电阻值，其值应为（　　），否则表明有搭铁故障，应予修理或更换。

A. 3 ~5 Ω　　B. 无穷大　　C. 0

3. (　　) 用来警示尾随车辆保持必要的安全距离。

A. 前照灯　　B. 牌照灯

C. 后雾灯　　D. 行李舱灯

4. 里程表累计里程记录可以达到 (　　) km。

A. 999.9　　B. 9 999.9

C. 999 999　　D. 9 999 999

5. 刮水电动机中，高速电刷与低速电刷的夹角一般为 (　　)。

A. 30°或60°　　B. 45°或135°

C. 60°或90°　　D. 75°或150°

6. 集液器被安装在系统的 (　　) 管路上。

A. 吸气　　B. 高压　　C. 排气

7. 在检查是否有高压电时，高压线对机体的跳火间隙一般为 (　　) mm。

A. 0.6 ~0.8　　B. 6 ~8　　C. 1.6 ~1.8

8. 为保证点火可靠，一般要求点火系提供的高电压为 (　　) V。

A. 150 ~250　　B. 1 500 ~2 500　　C. 15 000 ~20 000

9. 计算机可根据下列 (　　) 信号对点火提前角进行修正。

A. 曲轴转角与转速传感器

B. 冷却液温度传感器

C. 进气压力传感器

10. 油压传感器是利用油压大小推动滑臂来改变可变电阻阻值的，当压力 (　　) 时，其电阻值 (　　)。

A. 增大、减小　　B. 增大、增大

C. 减小、减小　　D. 减小、不变

**三、判断题 (每题1分，共10分)**

1. 硅整流发电机的整流二极管可分为正二极管和负二极管，正二极管的中心引线为二极管的正极，外壳为负极。(　　)

2. 汽车起动系的作用是使发动机曲轴转动，直到发动机能在自身动力作用下自行运转为止。(　　)

4. 当油箱内没有燃油时，燃油表指针指向“1”位。(　　)

6. 通常把被传送的低频信号叫调制信号，把运载低频信号的高频信号叫载波。(　　)

7. 空调高压侧系统工作压力一般为 1 103 ~1 517 kPa。(　　)

8. 汽车空调制冷系统的控制电路一般由电源控制部分、压缩机电磁离合器控制电路、安全控制电路等部分组成。(　　)

9. 电容器与触点串联，它的作用是保护触点和提高次级电压。(　　)

10. 普通电子点火系完全取消了断电器的触点，利用电子开关代替断电器的触点，周期地接通或切断点火系统的初级电路。(　　)

## 四、名词解释（每题 3 分，共 12 分）

1. 火花塞的自净温度

2. 点火正时

3. 调幅

4. 独立式汽车空调

## 五、简答题（每题 7 分，共 28 分）

1. 如何检修发电机转子总成?

2. 起动机空载试验的方法是什么?

3．以桑塔纳轿车（霍尔效应式电子点火系）为例，说明点火时间的校正方法。

4．如何从低压端充注气态制冷剂？

# 综合试卷四

## 一、填空题（每空1分，共30分）

1. 车用交流发电机按磁场绕组搭铁方式的不同可分为______和______两类。

2. 电压调节器按其结构特点和工作原理大致可分为______电压调节器和______电压调节器。

3. 起动机的控制装置用来控制______的通断，一般由吸引线圈、______、铁芯和接触盘等组成。

4. 汽车照明系统主要用于夜间______、标示车宽度、______、仪表照明和夜间检修等。

5. 汽车常见仪表有______、车速表、燃油表、______、指示灯等。

6. 刮水电动机的换向器上安装有三个电刷，它们分别为______、低速电刷、______。

7. 许多电动洗涤装置的故障都是因______而引起的。

8. 汽车收音机电路包含收音电路、______、音量音调平衡电路及______等部分。

9. 汽车电路中搭铁的表示方法有______、______和______。

10. 普通电子点火系统一般由电源、分电器（包括信号传感器）、______或者______、点火线圈、火花塞和配电部分等组成。

11. 起动复合继电器，用______电路控制______电路，保护起动开关和起动机。

12. 火花塞积炭可导致______，火花塞积油可导致击穿电压______，绝缘体破裂而产生漏电。

13. 在对线路图和接线图进行分解和研究的时候，要充分利用“______”。

14. 电控单元根据各传感器输入的信号，确定最佳点火提前角和初级电路导通角，实现对点火提前角和______的控制，并将点火控制信号输送给______，通过其快速、准确地控制点火线圈的工作。

15. 蒸发器的常见故障有蒸发器______、______、______。

## 二、选择题（每题2分，共20分）

1. 三相绕组的连接方法有星形接法和（　　）接法两种。

A. 矩形　　B. 三角形

2. 起动机用直流电动机最大的特点就是磁极多、磁场绕组的横截面积大，其目的是

（　　）起动机的电磁转矩。

A. 增大　　B. 减小　　C. 稳定

3. 下列选项中，属于内部照明灯的有（　　）。

A. 牌照灯　　B. 雾灯　　C. 顶灯　　D. 转向灯

4. 发动机转速表指针示值乘以（　　）表示发动机转速。

A. 1　　B. 10　　C. 100　　D. 1 000

5. 电动洗涤器的喷嘴装在（　　）。

A. 发动机舱内　　B. 刮水电动机旁边

C. 发动机盖上　　D. 储液罐旁边

6. 点火线圈由铁心、（　　）、次级绕组、胶木盖、瓷座、接线柱和外壳等组成。

A. 初级绕组　　B. 中央电极　　C. 侧电极

7. 点火系中的附加电阻是一种（　　）系数的热敏电阻，一般用低碳钢丝、镍铬丝或纯镍丝制成。

A. 正温度　　B. 负温度　　C. 非线性

8. 在无机械提前装置基础上，取消分火头式配电装置，直接用数个点火线圈或二极管分配高压电控制火花塞跳火，这种电子点火系称为（　　）。

A. 电子配电点火系　　B. 传统点火系

C. 普通电子点火系

9. 下列不是判断点火提前角主要信号的传感器是（　　）。

A. 曲轴转角与转速传感器　　B. 进气温度传感器

C. 进气压力传感器

10. 当冷却液温度高至（　　）℃，警告灯点亮，提醒驾驶员注意。

A. 105～108　　B. 95～98　　C. 85～88　　D. 75～78

**三、判断题（每题1分，共10分）**

1. 某些发电机在其中性点和发电机正、负极间分别接一个较小功率的整流二极管，其作用是防止发电机发电电压过高。（　　）

2. 用万用表检测起动机磁场接柱与绕组碳刷间的电阻，两次阻值应相同且接近零。若两次阻值不相同但接近零，说明有短路故障；若阻值无穷大，则说明有断路故障。（　　）

3. 液晶显示的工作电压低，一般为6 V左右。（　　）

4. 调幅波的解调过程称为检波。（　　）

5. 所有汽车电路图都是由线条、图形符号和文字来表示的。（　　）

6. 在对电磁离合器进行修理时，可以将制冷循环打开。（　　）

7. 闭磁路点火线圈比开磁路点火线圈的能量转换率高。（　　）

8. 由于霍尔发生器取代了断电器的触点部分，所以它不需要点火控制器。（　　）

9. AJR发动机点火提前角由发动机控制单元ECU确定，能调整。（　　）

10. 向空调系统注入制冷剂时，可以同时拧开高、低压侧手动阀充注制冷剂。（　　）

**四、名词解释（每题 3 分，共 12 分）**

1. 点火波形

2. 非独立式汽车空调

3. 电路断路保护器

4. 接线图

**五、简答题（每题 7 分，共 28 分）**

1. 电源系充电电流不稳的原因有哪些？

2. 以桑塔纳轿车（霍尔效应式电子点火系）为例，说明点火时间的校正方法。

3．简述前照灯的检测和调整方法。

4．简述汽车空调的使用注意事项。